Círculo Rojo
EDITORIAL

Versos Rotos

Versos Rotos

carlotasbl

Círculo Rojo
EDITORIAL

Primera edición: septiembre 2025

Depósito legal: SE 1663-2025
ISBN: 979-13-7023-408-9
Impresión y producción: Editorial Círculo Rojo

© Del texto: carlotasbl
© Maquetación y diseño: Equipo de Editorial Círculo Rojo

Editorial Círculo Rojo

www.editorialcirculorojo.com

info@editorialcirculorojo.com

Impreso en España - Printed in Spain

Para quien inspiró estas palabras sin saberlo;

para el que fue vicio, promesa y hogar;
para el incendio y el refugio;
para la chispa que encendió estas letras;
el viento que desvistió los versos
que me hicieron temblar en la oscuridad.
A quien me hizo escribir desarmada, pura y real.
Echaré de menos tu recuerdo, aunque fuera herida.
Treinta versos rotos, como cristales dormidos en mi garganta.

1

Desnuda

Me quité los miedos
como quien deja un abrigo
en la puerta.
Me quedé con mi voz
y mis cicatrices,
con la piel temblando,
con el alma en la mano.
Soy todo lo que callé,
lo que sentí sin permiso,
la verdad sin maquillaje,
el amor sin previo aviso.
Me arranqué los miedos
como pétalos muertos.
Quedé raíz,
tallo frágil,
pero viva.
Aun rota y llena de heridas,
me permití sentir el dolor una vez más,
abrir las grietas y dejar la luz pasar.
Así me escribo.
Así me nombro.
Así me muestro.
Desnuda.

2
Átame

Átame a la curvatura de tus hombros.
Empújame a la gravedad de tus muslos.
Agárrame fuerte mientras las luces se apagan.
Bésame en los rincones más oscuros de esta habitación
y deja que tus ojos iluminen las esquinas de mis caderas.

Caeré rendida en el suelo
mientras sujetas mis suspiros con tus labios
en el techo, en la entrada, en todas partes.
Llévame al cielo y déjame suspendida en un gemido,
para después dejarme caer al más puro Infierno.
Enredada en tus demonios,
susurrándome al oído
en puro deseo, ardor y silencio.

3
Velocidad

Correr hacia el muro,
sabiendo que te vas a estrellar;
pero sabiendo
que no fui hacia ti.
Me arrastró la gravedad de tu ser,
como la marea que se rinde ante la luna
sin quererlo;
como el árbol que cae, cediéndose al suelo.

4
Desnúdame

Desnúdame de miedos
y vísteme con tus labios,
que la noche nos encuentre
desnudos y abrazados.
En mi cama, en el suelo,
en mis caderas o tu espalda.
Enrollados a las sábanas,
atados por las almas.
Que la luna nos arrulle
hasta que venga el alba.

5

Equivocada

¡Qué equivocada estaba
cuando, perdida por la vida,
buscaba respuestas en otras puertas,
algunas cerradas
y otras que se abrían a mentiras y desengaños!
¡Qué equivocada estaba
cuando, en otras mañanas,
buscaba entre sábanas
esa sonrisa que elevara mi alma!
Cuando anhelaba unos brazos
donde cobijar mis lágrimas,
donde esconder mis secretos
y ahogar mis ganas.
¡Qué equivocada estaba!
Porque, en todo ese camino
que recorrí a solas,
no supe mirar atrás,
ahí donde tú estabas
esperando para hacerme saltar
de los más altos precipicios si hiciera falta,
enfrentarte a mis monstruos
y hacer mi cama
ahí donde tú estabas.

6
No debería

No debería quererte,
cuando el sentimiento se conjuga a uno,
cuando significa dolor si no es verte,
en la distancia y la cercanía,
en la tristeza y la alegría.
No debería quererte,
cuando me falta el aire
y las ganas se ahogan en la noche estrellada.
Cuando te pienso y te imagino
solo en sueños,
pero no estás en mi cama.
No debería quererte
y, sin embargo, te quiero.

7
Contar

No contaré los días
que sin tu sonrisa me quedo,
contaré las horas
que te abrazo con mi mente
y mi pensamiento.
Una, dos o tres noches más.
¡Qué más da!
O nunca o jamás.
Aquí estarás siempre
como un fantasma entre mis sábanas,
acurrucado entre los pliegues de mi piel,
durmiendo al son del temblor de mi corazón,
soñando con no tener que contar
minutos, horas o días,
soñando con quedarse
un ratito más.

8
Anclada

Podría contar cada lunar de tu espalda
y dibujar constelaciones en la inmensidad de tu piel.
Podría pasarme la noche entera
acariciando la suavidad de ese manto,
soñando con conquistar
cada uno de esos universos
anclados a tu cuerpo.

9
Tu recuerdo

Tu recuerdo duerme en mi almohada,
soñando con noches de plata,
jugando al escondite
en cada rincón de mi cama.
Como fantasma errante
en un castillo de naipes,
cautivo en el tiempo
que se escapa entre mi piel y tus labios.

10
Lo que tú haces

Soy lo que tú haces de mí:
Un suspiro, una tormenta,
o un recuerdo borrado por la lluvia,
el garabato de tus poemas,
el aire que respiras,
o la luz en la niebla.
Soy lo que tú haces de mí,
un reflejo que no brilla,
que se apaga si no me miras.
Ese amor indestructible
que no mira hacia atrás, camina
a tu lado siempre,
con las manos unidas
y el corazón por bandera.
Soy lo que haces de mí,
la sorpresa tras la esquina,
o esa estrella que se resiste a morir.
El pecho lleno de palabras,
el llanto en la huida,
la vida que no se acaba
si a mi lado caminas.
Soy lo que haces de mí,
aun despúes de esta vida
que me ha tocado vivir.

11

La guerra

Perdí la guerra en la frontera
entre las palabras y los besos,
en la comisura de tus labios.
Perdí la cordura en esa cordillera,
a los pies de tu espalda.
Y no me importaría morir en el campo de batalla,
dejar que el mundo arda,
que caigan reinos si me abrazas,
mientras se derrumban los muros
con el sonido de las lanzas.
No moriré de rodillas,
no me rendiré a sus chanzas.
Solo ante ti, amor mío,
cuando solo queden llamas,
porque nada importa, nada,
si puedo morir en tus brazos
clavada en tu mirada.

12
La gran noche

No me encontrará la gran noche
con frío en el corazón,
mientras pase mis días
al calor de tus abrazos.
No me hallará perdida en la oscuridad,
muerta de miedo,
siempre que tu luz
se abra camino a mis pasos.
Porque eres el sol de mis días,
la luz de mis noches,
mi refugio en la tormenta,
mis zapatos cuando mis pies están cansados
y la razón de mi existencia.

13

Somos promesas

Somos promesas esperando cumplirse;
sueños vívidos que duermen hasta llegar la mañana,
rotos, desnudos, con el alma en un puño
y el corazón como lanza.
Somos los hijos de esa luz que se derrama a nuestro alrededor,
pequeñas estrellas que brillan palpitantes,
queriendo ser eternos, pero siendo fugaces,
gritándole al viento que queremos ser libres,
puros, capaces.
Y ya dijo algún sabio
que la vida es solo un sueño;
pero, al despertar,
nos brinda la luz que buscamos.

14

La tormenta

Yo, que fui tormenta en el océano,
me perdí en la grandeza del mar,
que me golpeaba y, a la vez, acunaba
al vaivén de las olas, como en un vals.
Con las piernas enterradas hasta las rodillas en la arena,
el salitre en las venas, las algas enredadas
en mi cabello encontraban la calma que habitaba esa playa.
Dormida me encontró la luna,
acurrucada en aquella roca,
con la espuma acariciando mi cuerpo,
con la sonrisa instalada en mi boca.
Yo, que fui tormenta, me convertí en naufragio,
en sueños de piratas locos,
que buscan tesoros ya ganados,
porque, en realidad, estaba despierta,
buscando en la costa unas conchas en esa isla desierta.
Viva, pero a la vez muerta.
Yo, que fui tormenta, me quedé en esa playa,
con las mejillas ardiendo por el sol de tu mirada.
Yo, que fui tormenta, me transformé en brisa,
por acariciar tu pelo y rendirme a tu sonrisa.
Yo, que fui tormenta, preferí la paz de esas aguas
a la orilla de tus labios, al abrigo de tu alma.

15
Limbo

Me quedé suspendida, perdida en tu ausencia,
colgando de un hilo, mendigando tu presencia.
Tu silencio me quema como brasa en la piel;
soy un grito sin eco, un naufragio sin red.
Me quebré en mil fragmentos sin saber defenderme,
dejé que la luz me atravesara al herirme.
Pero no fue consuelo ni un faro encendido;
solo expuso mis miedos, lo roto, el vacío.
Floto en este abismo de dudas y miedo,
soy la sombra que espera, soy todo lo que cedo.
Invento razones, excusas, consuelo,
pero sé que tu nombre me arrastra hasta el suelo.
Me hago fuerte de día, me repito mentiras,
pero caigo rendida cuando llegan las heridas.
Y me muero en silencio por un gesto, un reflejo,
una chispa pequeña que alumbre mi pecho.
No sé si soy sueño o tan solo capricho,
si soy solo un suspiro que pronto se ha dicho.
No sé si algún día pronunciarás mi nombre,
o si siempre seré lo que nunca se nombra.
Quisiera arrancarte como espina maldita,
borrar cada huella que en mi carne palpita.
Pero sigo aferrada a tu sombra y tu calma,
sigo siendo la herida que sangra en el alma.

He sembrado mi fe en terreno baldío
y recojo silencio, soledad y vacío.
Soy un verso sin dueño que nadie reclama,
un rescoldo que arde mientras todo se apaga.
Y aquí me declaro vencida, quebrada,
una estatua de sal en tu puerta cerrada.
Ya no pido milagros, ya no busco razones,
solo abrazo este limbo que mata ilusiones.
He aprendido a vivir donde nada sucede,
donde nada se dice, donde todo se muere.
Y, en la noche, confieso, sin voz y sin fuerza,
que tu ausencia me duele más que tu presencia.

16

El viaje

Fuimos el viento que empuja las velas,
la chispa que enciende la hoguera,
la lluvia que moja sin previo aviso,
la risa en el borde del precipicio.
Fuimos preguntas sin respuesta,
caricias urgentes, promesas desiertas.
Nos tuvimos tan fuerte, tan breve
como el sol que al ocaso se mueve.
Te fui mapa y brújula,
ruta y desvío,
la voz que temblaba
diciendo: «Te sigo».
Pero nunca llegamos
al mismo camino.
Fuimos viaje, amor,
pero no destino.
Me quedo con todo lo que ardió en tus manos,
con todo lo intenso, con todo lo humano.
El eco de un nombre que nunca fue nuestro,
la huella invisible que guardo en mi pecho.
Miro el pasado como un campo arrasado,
donde nada germina, donde todo ha callado.
Solo quedan el eco de un «quédate» muerto,
la certeza cruel de un amor descubierto.

No te pido regreso, ni ofrezco consuelo,
me quedo a solas con el frío del suelo.
Porque fuimos corriente, vértigo, vino.
Fuimos viaje, amor, pero no destino.

17
Perdición

Te di mi voz cuando no hablabas,
mis manos cuando te faltaban.
Abrí mi pecho sin resguardo,
te ofrecí todo y tú callabas.
Te amé sin miedo, sin medida,
como quien apuesta su vida.
Te amé sabiendo que dolía,
con fe ciega, con alma herida.
Quise perderme para encontrarte,
fundirme en tu piel, dejar de buscarte;
pero solo hallé tu fría distancia,
tu mundo cerrado, tu amarga fragancia.
Amar sin ser amado es condena,
es sembrar flores en tierra ajena,
es ver cómo el tiempo se vuelve cadena
y el corazón en su propia pena.
Me perdí en tus ojos, que no me miraban;
en tus labios, que nunca hablaban;
en tu miedo, que no cedía;
en el adiós que no se decía.
Hay un vacío que nunca se acaba,
un hueco en el pecho que nada rellena,
una herida abierta que siempre sangra,
aunque el tiempo insista en ponerle venda.

Hoy soy recuerdo de amor no devuelto,
cicatriz que late en pecho abierto;
pero, aunque mi amor fue mi perdición,
fue mi mayor y más pura canción.

18

Esconder

He vuelto a esconder un «te quiero»
entre frases que nadie descifra,
como el viento que roza en silencio
una herida que nunca se olvida.
Lo dejé entre tus risas lejanas,
camuflado en palabras sin peso,
donde solo los ojos que aman
pueden ver lo que calla el deseo.
He fingido que ya no me importa,
que la calma es mi único abrigo;
pero hay noches en que tiembla mi boca
por aquello que nunca te digo.
Y así, cada vez que te miro
y tú ríes sin ver lo que espero,
me convierto en un muro cautivo...
He vuelto a esconder un «te quiero».
He vuelto a esconder un «te quiero»
entre letras que el alma susurra,
como el sol que, detrás de un aguacero,
no se apaga...; tan solo se oculta.
Lo guardé en un gesto pequeño,
en un «cuídate» dicho despacio,
en un «hola» que suena a ensueño,
en la forma en que, al verte, me abrazo.

No fue miedo, tal vez fue el momento;
o quizás que aún sanaba el pasado,
pero el amor que por ti va creciendo
ya no cabe en rincones callados.
Y, si un día descubres mis huellas
en la luz que te busca al pasar,
sabrás bien que, detrás de mis puertas,
un «te quiero» te espera a entrar.
Porque, aunque lo esconda, no muere,
ni se apaga en la sombra del tiempo;
late firme, paciente y prefiere
ser promesa y no solo un intento.

19

La piel

¿Y si me rozaras la piel como me rozas el alma?
¿Y si dejaras de quedarte en los bordes
y por fin tocaras
donde más duele
y más deseo?
¿Si, en vez de mirarme con miedo,
me miraras con hambre
no solo de cuerpo,
sino también de calma?
¿Y si tu boca dejara de temblar de palabras
y empezara a temblar en la mía?
¿Si te acercaras
sin plan,
sin permiso,
sin excusa,
solo con verdad,
solo con ganas?
¿Y si entendieras que no te espero,
pero, aun así,
te quiero cerca?

¿Y si, por una vez,
soltás el miedo
y dejás que pase
lo que ya está pasando?
Porque rozás mi alma.
Y sí ,
te juro que mi piel
también está esperándote.

20
Susurro

Llegaste a modo de susurro
y te esparciste como un grito.
Te instalaste en mis silencios
sin pedir permiso,
como si supieras que eran tuyos.
Ojalá que las ganas puedan más que el miedo
y te atrevas a entrar,
no con dudas,
sino con todo lo que callas.

21

Carta que nunca envié

No sé si alguna vez te diste cuenta,
pero amarte fue como caer dormida.
No como quien descansa,
sino como quien se rinde
al abismo de un sueño sin red.
Y ahí estabas tú.
No con brazos,
sino con esa mirada que desarma.
No con promesas,
sino con silencios que me hacían temblar.
Me caí,
así, sin aviso.
Como en esos sueños en los que el cuerpo se hunde
y el alma no sabe si es vuelo o colapso.
Sentí vértigo,
no por miedo a tu ser,
sino por miedo a lo que despiertas en mí.
Porque contigo todo parecía posible
Y eso, a veces, asusta más que lo imposible.
Quizás nunca lo notes.
Quizás nunca te lo diga.

Pero, si alguna vez te preguntas
qué fue esto para mí ,
fuiste esa caída en el sueño que no quería evitar.
Fuiste el susto.
Fuiste el deseo de seguir cayendo,
aun sin saber si me ibas a sostener.

22

Enredada

Aquí quiero descansar,
enredada en tus brazos,
entre la curva de tu cuello
y el hueco de tu pecho.
Donde tu respiración me arrulla
y tus latidos me cuentan secretos.
Donde el mundo se apaga
y solo quedamos tú y yo,
quietos, vencidos,
felices.

23

Pirómanos

Éramos pirómanos jugando con fuego,
cómplices del incendio que no queríamos apagar.
Tus manos encendían mi piel
y mi boca avivaba tus brasas.
Ardimos sin miedo al desastre,
sin pensar en las cenizas.
Fuimos fuego puro, violento,
pero también nos quemamos vivos.
Y, aun así, volvería a prender la chispa,
volvería a arder contigo,
porque solo contigo el fuego dolía
y, a la vez, me hacía sentir viva.

24

El miedo

Lo malo del miedo
es que te convence de quedarte callada
cuando tu corazón está gritando.
Te ata las manos
cuando quieres acariciar.
Te cierra la boca
cuando quieres decir «te quiero».
Te hace construir muros
cuando, en realidad, quieres puentes.
Te obliga a mirar para otro lado
cuando tus ojos solo quieren mirarlo a él.
Lo malo del miedo
es que mata el amor
antes de que siquiera nazca.

25

A mi niña de ojos inmensos

A mi niña de ojos inmensos,
tú,
la de los ojos grandes
llenos de mundos que nadie más veía,
de palabras que brotaban solas,
como si el corazón tuviera tinta.
Te sentabas en silencio,
pero dentro de ti
una galaxia entera danzaba.
Eras exploradora de libros,
capitana de sueños,
pirata sin barco
y princesa sin corona,
porque no te hacía falta.
Jugabas con los chicos
porque con ellos no te miraban raro
y, aunque a veces dolía
no encajar entre las niñas,
guardabas tu rareza como un secreto sagrado.
Creías en el amor eterno
como quien cree en la luna:
Sin necesidad de pruebas,
solo sintiéndolo brillar.

Y, en tu historia,
eras tú quien rescataba al príncipe,
con tu espada de papel
y tu valentía invisible.
Querías viajar lejos,
descubrir tesoros bajo ruinas dormidas,
hablar con planetas,
quedarte hasta tarde
mirando las estrellas,
como si fueran cartas enviadas solo para ti.
Y aquí estoy ahora,
más alta, más sabia,
pero aún con tus ojos.
A veces me olvido;
pero tú sigues ahí,
esperando que recuerde
cómo se sueña sin miedo.
Hoy te abrazo, niña mía,
y te prometo:
No dejaré que el mundo apague tu luz.
Tú, con tus ojos inmensos,
sigues guiándome a casa.

26

Valiente

No, valiente no es dejarse amar.
Valiente es amar sabiendo que vas a romperte,
que con cada una de esas ocho letras
va a caer una piedra del muro que construiste:
«T» de «temblor», porque mi voz se quiebra al decirlo.
«E» de «entrega», porque pongo el corazón en tus manos.
«Q» de «quebranto», porque no hay amor sin grietas.
«U» de «urgencia», porque no puedo ni quiero esperar.
«I» de «infinito», porque me pierdo en tu mirada.
«E» de «esperanza», aunque el miedo me muerda los pies.
«R» de «rendición», porque no hay otra forma de amar.
«O» de «océano», porque todo en mí quiere inundarte.
Decirlo es desnudarme,
quedarme sin armadura ni excusa,
abrir la herida para que sangre
y, aun así, ofrecerla.
No, lo valiente no es dejarse amar;
es amar, a pesar del veneno de tus labios,
dejarse llevar por la marea y las olas
para quedarse en tu playa varada.
Y yo, querido mío,
siempre he sido valiente.

27

Año Nuevo

Cuando te conocí, estaba rota,
mientras tú corrías por el mundo
con esa urgencia de alguien que no tiene tiempo,
dándole bocados a la vida.
Yo me desintegraba en los pliegues de tus dedos
y buscaba la calma de tus ojos.
Intentaba correr al ritmo de tus latidos,
pero me perdía en cada recodo
de las migajas que ibas dejando a hurtadillas
en los caminos, avenidas y pozos.
Te colaste de puntillas en mis miedos.
Los mezclaste con sueños no cumplidos,
pero dejaste atrás un reguero
de piedras por el camino.
Al final, el Año Nuevo llegó con
mi alma en una maleta,
besos dados a escondidas
y palabras que nunca se dijeron.
Me dejaste solo estos versos
rotos, perdidos, inconexos
para recomponer lo poco que quedaba
después del silencio, después de ti.

28

El vicio

Eres un puñetero vicio disfrazado de promesa,
susurros en el oído y gritos ahogados en certeza,
mi tentación más grande,
mi sueño más loco,
todo lo que deseo en un cuerpo
con los zapatos rotos.
Siguiendo tus pasos a ciegas,
te busco y no quiero encontrarte,
porque hacerlo sería rendirme
a tus ojos y manos cobardes.
Esos ojos que reflejan mi deseo,
esas manos que recorren mi cuerpo
y la duda suspendida en el aire
y el amor colgado en un beso.
Perdida en el tiempo que dura un abrazo,
queriendo acortar el paso,
me desnudas con una mirada,
me desatas con una caricia
y yo me pierdo en los gemidos
y en la piel en la que he hecho mi nido.
Nunca me sentí más en casa
que aquí enredada contigo.

29

Mi punto débil

Eres mi punto débil,
mi vértigo y mi refugio,
la razón por la que tiemblo
y por la que me calmo.
Con solo mirarme, desarmas mi orgullo
y me vistes de miedo y deseo.
Te odio por hacerme tan vulnerable,
pero te amo más por permitirme serlo.
Contigo pierdo el control,
pero gano la verdad.
En tus brazos soy frágil,
pero por fin soy yo.

30

El baile

El motor rugía bajo nosotros,
la noche nos tragaba lenta;
solo quedaban el viento frío
y mi abrazo a tu espalda,
aferrada a ti,
sabiendo que me iba a doler soltar.
«Déjate llevar», dijiste,
como si fuera un baile,
y yo lo hice.
Cerré los ojos,
dejé que me guiaras,
aunque me temblara el pulso,
aunque me temblara el alma.
Te odio por hacerme sentir esto,
por arrancarme el miedo y dejar solo deseo,
porque contigo pierdo el control,
porque contigo no sé decir que no.
«Te encanta estar en mí»,
lo dijiste con la voz rota
y me rompiste a mí también,
porque era verdad,
porque dolía y quemaba,
porque nos hacía reales.

Ahora solo nos quedan este viaje,
la carretera interminable,
tu cuerpo tenso,
el mío rendido.
«Déjate llevar», me susurraste otra vez
cuando frenaste un poco,
y yo pensé:
«No sé hacerlo de otra forma contigo,
¡como si supiera bailar!
Como si no tuviera más remedio
que amarte».

Gracias por leerme,

gracias por sostener mis palabras,
por entrar en este mundo sin prejuicios,
por permitirme mostrarme así.

A Vetusta Morla por poner música a mis delirios y servir
también de inspiración. Mil gracias.

Índice